AF482819

APPEL A L'HONNEUR

DES

PUISSANCES CONTINENTALES.

SEPTEMBRE 1807.

APPEL A L'HONNEUR

DES

PUISSANCES CONTINENTALES.

Depuis dix ans, la France ne cessoit de dénoncer la politique de l'Angleterre aux autres Etats du continent ; elle ne cessoit de leur montrer le honteux asservissement dont les menaçoit l'avidité britannique ; et la plupart de ces Etats, endormis dans une funeste sécurité, se plaisoient à taxer d'exagération les salutaires avis de la France. Mais Copenhague vient de tomber, et c'est au bruit de sa chute que doivent se réveiller les puissances assoupies ; c'est de ses ruines fumantes que sort une voix qui leur crie : *Songez à votre indépendance, à votre honneur.*

Peuples du continent, vous êtes accoutumés aux attentats de la politique anglaise :

l'histoire des quinze dernières années n'est que l'histoire de ses crimes et des calamités qu'elle a versées sur vous. La guerre sans cesse attisée, des traités violés, des alliances trahies, le commerce de toutes les nations opprimé, la dignité des souverains dégradée; et partout l'emploi des moyens les plus atroces, des conspirations, des incendies, des machines infernales, des assassinats : voilà en quelques mots l'histoire de la politique anglaise dans ces derniers temps; et ce n'est pas seulement de Copenhague que s'élèvent des milliers de voix qui l'accusent, c'est de Toulon, de Quiberon, de Naples, de Paris, de Pétersbourg, de Cadix (1), de tous les points de l'Europe, ou plutôt de toutes les parties du monde; des contrées de Mysore comme des cendres de Saint-Domingue, et des rives du Nil comme des Etats qu'arrosent l'Ohio et la Delaware.

Mais de tous ces attentats, dont le souvenir sera éternisé par le burin de l'histoire, pour apprendre à la postérité tout ce qu'osa l'Angleterre et tout ce que supporta votre longanimité, aucun peut-être n'offre un caractère d'iniquité aussi révoltant que celui dont le Danemarck vient d'être la victime.

Au milieu des agitations d'une guerre, qui dans ses diverses révolutions atteignit toutes les puissances, le Danemarck conserva presque toujours, dans son attitude et dans sa conduite, cette mesure de sagesse et de dignité que lui avoit imprimée, dans les cinq premières années de la guerre, un ministre dont la mémoire ne périra jamais parmi les Danois. La neutralité qu'il avoit établie et maintenue contre les arrogantes prétentions de l'Angleterre, fut scrupuleusement gardée par un prince qui se faisoit gloire de perpétuer dans ses conseils les principes de ce grand homme d'Etat (2). Pendant près de neuf ans, les Danois surent se mettre à l'abri des excès auxquels se livroit l'Angleterre, pour ruiner la France, troubler l'Europe et désoler les mers. Pendant ces neuf années, elle n'épargna ni menaces ni séductions pour décider les Danois à épouser sa cause contre les Français. Humiliée de leur persévérance, elle finit par insulter à leur neutralité : ils avoient supporté des atteintes à leur commerce, mais ils ne souffrirent pas les atteintes que l'Angleterre vouloit porter à leur honneur; et elle trouva dans leur défense des prétextes pour les accabler. L'enlèvement de *la Freya* et les suites de cette attaque sont connus du monde entier (3). Tout le Nord se ligua pour les Danois contre l'Angleterre; et malgré cette ligue solennelle, ils furent seuls en butte à ses coups. L'énergie et la valeur ne pouvoient rien dans un combat si inégal; les Danois succombèrent : mais si leur résistance fut sans succès, elle ne fut pas sans gloire; et la journée du 2 avril sera signalée dans l'histoire comme plus honorable pour les vaincus que pour les vainqueurs.

Les Danois furent toutefois forcés de souscrire à des altérations essentielles dans ces principes et ces *droits de la neutralité maritime*, pour lesquels ils avoient combattu, que la volonté unanime de toutes les puissances continentales avoit consacrés, mais qui choquoient l'orgueil et l'avidité britanniques. (4)

Ils pouvoient sans doute espérer qu'une neutralité, dont les Anglais s'étoient rendus les régulateurs par la violence, seroit tolérée par eux, et se concilieroit avec leurs prétentions : vain espoir ! Les prétentions de l'Angleterre sont de nature à ne s'arrêter qu'au point où se trouveront anéantis le commerce et la marine de toutes les nations du continent.

Après avoir accédé en 1802 avec la Suède à la nouvelle convention maritime conclue entre la Russie et l'Angleterre, les Danois n'en furent guère moins exposés aux vexations de la marine anglaise, aux iniques jugemens de son amirauté (5); et, chose étrange! l'Angleterre se lassa plutôt de la patience des Danois, que les Danois de son oppression.

Lorsqu'elle trama de nouvelles coalitions contre la France, elle ne négligea rien pour les y envelopper; et malgré le langage astucieux de sa politique, malgré ses insidieuses protestations, ils se virent plus d'une fois placés dans la terrible alternative ou de servir son ambition, ou de livrer leur prospérité à sa vengeance. Ils ne balancèrent pas entre la bassesse et l'honneur; mais tout ce que les lois de la neutralité prescrivent, tous les devoirs qu'elle impose furent remplis par les Danois, à l'égard de l'Angleterre, avec une

fidélité scrupuleuse : ils furent même quel-
quefois soupçonnés d'aller au-delà des devoirs
de la neutralité envers le gouvernement anglais; et sans doute ce ne fut pas sans raison
que l'opinion générale de l'Europe leur attri-
bua toujours des dispositions plus favorables
à l'Angleterre qu'à la France.

Lorsque le théâtre de la guerre se trouva
tout-à-coup étendu jusqu'à leurs frontières,
leur gouvernement porta dans celles de ses
provinces que les armées avoisinoient, la plus
grande partie de ses troupes. Les Français
auroient eu le droit de demander si c'étoit là
aussi un devoir de la neutralité, ou si cette
précaution n'étoit pas plutôt inspirée par le
desir de satisfaire l'Angleterre en fermant le
territoire danois à ses ennemis. Quels que
fussent les vrais motifs de la cour de Copenhague, l'Angleterre dans sa perfidie sourioit
à cette mesure, et se promettoit déjà de
faire tourner à la perte des Danois, le parti
qu'ils prenoient par loyauté ou qu'elle obte-
noit de leur condescendance. Aussi, lorsque
la Russie, désabusée, eut abandonné une
alliance qui, lui donnant les plus redoutables
ennemis sans lui donner le plus léger secours.

avoit été pour elle une source de désastres ; lorsque le vainqueur d'Jéna , d'Eylau et de Friedland , eut rendu la paix au continent, l'Angleterre crut le moment arrivé de frapper au cœur un gouvernement auquel elle n'avoit jamais pardonné sa neutralité.

Habile dans l'art des vengeances, l'Angleterre a cru s'en assurer plusieurs à la fois dans une seule expédition , et punir en même temps la Russie de sa sagesse , la Suède de son impuissance , le Danemarck de sa loyauté , la France de sa gloire, et sur-tout le continent de son repos. Elle a voulu du même coup dépouiller le Danemarck , compléter l'asservissement de la Suède , bloquer la Russie dans la Baltique, et achever la destruction de la marine et du commerce des nations continentales.

Pour arriver à toutes ces fins si dignes d'elle, l'Angleterre a espéré qu'il lui suffiroit d'un succès, c'est-à-dire, d'enlever Copenhague ; et elle a regardé ce succès comme infaillible, en violant à l'égard des Danois les lois les plus sacrées, en abusant de leur confiance dans ces lois, en surprenant leur sécurité, en débarquant une armée sur leurs côtes, sans déclaration de guerre, sans sommation préalable, sans autre prétexte que la réponse de leur prince aux demandes les plus insolentes; réponse facile à prévoir, et digne du caractère danois.

Ce caractère s'est montré aussi dans le premier accueil fait aux Anglais. Toute la nation a vu en eux des pirates, prêts à essayer sur terre les mêmes brigandages qu'ils exercent sur mer.... Si les suites n'ont pas répondu à cet accueil, si les intérêts de la nation danoise ont été trahis, si son courage a été trompé, si l'atrocité a triomphé, n'accusons pas le gouvernement qu'elle accable : il n'expie que trop l'imprudence d'avoir porté sur le continent une armée qui auroit dù être destinée à garder ses îles et sa capitale. N'aggravons pas les reproches qu'il doit se faire, respectons ses malheurs, et n'y voyons qu'un titre de plus pour l'Angleterre, à l'exécration du continent, une ingratitude assez noire pour rendre son expédition encore plus criminelle et plus révoltante.

Qui l'auroit pu croire, en effet, que cette expédition, depuis si long-temps préparée, et combinée avec tant de soin, seroit précisément dirigée contre la nation qui avoit prêté aux Anglais, sur son territoire, les seuls points par lesquels ils pussent entretenir de promptes communications avec le continent; contre la nation qui leur tenoit ouverts les seuls ports où pussent aborder leurs vaisseaux, depuis le Sund jusqu'au golfe de Gascogne; contre la nation chez laquelle ils trouvoient les routes les plus commodes et les plus productives pour leur commerce?... Tels étoient pour l'Angleterre les bienfaits de la neutralité des Danois : la France étoit loin d'en retirer les mêmes avantages ; et cependant la France avoit souffert que les Danois restassent neutres.

Sans doute les attentats de la politique anglaise sont tels, que la postérité et même les contemporains pourroient en concevoir quelque doute, si elle n'avoit pris soin de rendre tout croyable, en publiant sans pudeur des desseins, dont jusqu'à nos jours le machiavélisme le plus éhonté n'eût pu se laisser arracher l'aveu sans rougir.

Le gouvernement anglais a publié, par l'organe de ses généraux, qu'il avoit demandé *que la flotte danoise lui fût remise, pour*

rester en son pouvoir tant que les circons-
tances exigeroient cette précaution. Les prétextes de cette demande étoient : *l'influence
de la France sur le continent, l'impossi-
bilité où se trouvoit le Danemarck de rester
neutre, quelque desir qu'il en eût, et la crainte
que la flotte danoise ne fût employée contre
l'Angleterre.* Cette demande ayant été rejetée,
le gouvernement anglais envoyoit une armée ;
mais cette armée *n'entroit pas chez les Danois en ennemie.* — Telle est la substance de
la proclamation du général anglais.

Il seroit difficile de trouver dans l'histoire
un acte plus monstrueux : jamais on ne vit
réunies tant d'hypocrisie et tant d'impu-
dence !

Si le gouvernement anglais, fatigué de
la neutralité des Danois, les eût sommés de
se décider pour un des partis belligérans,
il eût fait une chose injuste, attentatoire à la
dignité de cette nation, et par conséquent
contraire au droit des gens ; mais ce qu'on
appelle *raison d'État* auroit pu l'excuser.

Si, en faisant une telle sommation, l'Angleterre eût prétendu ôter au Danemarck le
droit de choisir ses alliés ; si elle eût exigé im-

(11)

périeusement que cette puissance épousât sa
querelle, l'injustice eût été plus criante ; mais
les Danois auroient pu n'y voir qu'une déclaration de guerre comme l'Angleterre en fit
tant, c'est-à-dire, n'ayant d'autre cause que
son caprice, ou son ambition, ou son avidité.
L'Angleterre eût armé contre les Danois,
mais ils auroient eu le temps de préparer
leur défense ; et cette guerre, injustement
commencée, auroit pu du moins être loyale-
ment poursuivie.

Dans celle-ci, il n'y a rien qui atténue,
disons mieux, il n'y a rien qui n'aggrave l'at-
tentat dont l'Angleterre s'est rendue coupable
envers le Danemarck. Plus d'une fois déjà
on l'avoit vue s'affranchir de ces formes, de
ces ménagemens, auxquels on reconnoît les
nations civilisées. A la manière dont les Anglais se jettent sur les peuples qu'ils regardent
comme ennemis, on croiroit voir une bande
de voleurs tombant sur des voyageurs dont
elle fait ses victimes. Les Anglais ont traité les
Danois dans la Sélande, comme les Espagnols
sur l'Océan (6) ; avec cette différence toutefois que pour l'Espagne il s'agissoit seulement
de quelques trésors, dont la perte ne faisoit

que l'appauvrir; au lieu que pour les Danois il s'agissoit de leur capitale et de leur flotte. Pour caractériser ces deux agressions, ne diroit-on pas les Espagnols surpris par des pirates, et les Danois par des assassins ?

Et cependant les Anglais prétendoient arriver chez les Danois en amis! Et après avoir eux-mêmes proclamé leurs insolentes demandes, ils daignoient chercher des prétextes pour excuser leur odieuse expédition!..... *L'influence de la France sur le continent, la crainte que la flotte danoise ne fût employée contre l'Angleterre :* voilà ce qui a décidé les Anglais à aller, *en amis*, remplir Copenhague de sang, de ruines et de deuil!.... Mais comment l'Angleterre, qui se vante chaque jour d'avoir détruit la marine des Français et celle de leurs alliés; comment cette puissance, qui par conséquent a quatre fois plus de forces maritimes que tous les Etats du continent réunis, pouvoit-elle craindre la flotte danoise ? Et, si les forces maritimes des Danois eussent été, je ne dis pas redoutables, mais inquiétantes pour l'Angleterre, comment auroit-elle pu espérer qu'ils seroient assez lâches pour les lui livrer ?.....

Non, les Anglais ne craignoient pas la flotte danoise : que leur importe quelques vaisseaux de moins chez leurs ennemis, et de plus dans leurs propres ports? Leur orgueil n'y songe qu'avec dédain, et leur politique ne peut mettre aucune importance à cette stérile conquête. Mais lorsqu'ils ne cherchent que des moyens de jeter de nouveaux brandons sur le continent, faut-il s'attendre à trouver dans leurs proclamations d'autres motifs que les plus absurdes prétextes?

Quoiqu'il y ait une exagération affectée et ridicule dans tout ce que les Anglais se plaisent à répandre sur les moyens de domination universelle que les victoires de l'Empereur ont mis dans sa main, il faut l'avouer, son influence sur le continent peut leur inspirer quelques craintes pour eux et pour leurs amis. Mais si cette influence étoit devenue irrésistible, à qui devroient-ils s'en prendre qu'à eux-mêmes? Qu'ils se rappellent ce que la France leur disoit, il y a un an, lorsque se confiant aux entreprises de la quatrième coalition, ils s'obstinoient à rompre les négociations de Paris : « L'avenir fera connoître » si une coalition nouvelle sera plus contraire

» à la France que les trois premières. L'avenir
» dévoilera si ceux qui se plaignent de l'ambi-
» tion et de la grandeur de la France, n'ont
» pas à imputer à leur haine, à leur injustice,
» et la grandeur et l'ambition dont ils l'ac-
» cusent. La France ne s'est agrandie que par
» les efforts renouvelés tant de fois pour l'op-
» primer (7)..... » Telle fut la prédiction que
l'Empereur NAPOLÉON fit entendre aux
Anglais pour les ramener à des dispositions
pacifiques. Ils la méprisèrent; elle s'est accom-
plie : de quel front viennent-ils aujourd'hui se
plaindre encore de l'influence française?.....
Qu'ils la redoutent pour eux, qu'ils craignent
d'être à jamais exclus du continent; mais
qu'ils se dispensent de la craindre pour les
autres États, et sur-tout de vouloir les cou-
vrir d'une protection, qui est tout à-la-fois
un fléau et un opprobre !

Si l'Empereur NAPOLÉON, respectant un
peu moins l'indépendance du Danemarck,
l'eût décidé, il y a quelques mois, à accepter
ses secours pour prévenir les désastres qui
l'accablent, quels cris n'eût pas jetés le gouvernement anglais ! Que de déclamations, que
d'injures, que d'outrages n'eussent pas vomi

les libellistes de Londres contre le Héros qui gouverne la France ! Ils eussent tous crié à l'oppression, au despotisme, à l'ambition de tout envahir. Peut-être même une partie de l'Europe, que l'Angleterre égara souvent sur ses vrais intérêts, eût partagé cette injustice : et pourtant, combien les Danois ne doivent-ils pas regretter aujourd'hui que l'Empereur ait sacrifié les calculs de sa haute prévoyance à ses égards pour la dignité de leur gouvernement !

Le spectacle de leurs malheurs doit éclairer tous les peuples, tous les gouvernemens, ceux-là même qui se montrèrent les plus opposés à l'influence française et les plus dociles aux inspirations britanniques. Le Portugal doit voir quel sort lui réserveroient les Anglais, si sa position géographique ressembloit à celle du Danemarck : Lisbonne ne seroit pas plus ménagée que Copenhague. — La Suède ne peut plus se faire illusion sur l'alliance dérisoire de ce cabinet, qui lui donne ou lui ôte ses secours, selon qu'il le juge utile à des projets, qu'elle ignore ; de ce cabinet qui semble se complaire à lui faire sentir toute l'ignominie attachée à ses subsides, en la rendant l'aveugle instrument de ses manœuvres, et en l'abandonnant à toute l'humiliation d'une fuite précipitée, après l'avoir engagée dans des entreprises plutôt téméraires qu'audacieuses. Le monarque suédois doit gémir aujourd'hui d'avoir reçu à Stralsund ces troupes qui semblent n'y avoir été envoyées que pour s'y tenir à portée d'attaquer les Danois. Comme la confiance de ce prince fut sans bornes, son indignation doit être sans mesure.

Peuples du continent, les exemples de la Suède et du Danemarck ne seront pas perdus pour vous! Ils vous offrent l'abrégé et le complément des violences et des perfidies, dont l'Angleterre s'est rendue coupable envers vous tous depuis quelques années. Méditez ces leçons, qui en ce moment coûtent si cher aux Danois! Voyez avec quelle confiance leur souverain et leur gouvernement, malgré leur penchant pour l'Angleterre, se sont jetés dans des provinces dont la conquête seroit si facile aux armes françaises, pour se dérober à l'insolente protection que leur portoient les généraux anglais!.... Ah! il n'est plus permis d'hésiter entre le cabinet de Saint - James et le grand homme qui préside aux destinées de la France. Nations du continent, c'est sous sa direction que vous êtes appelées à venger votre injure !

Observez la marche du despotisme maritime de l'Angleterre (8), et examinez comment ses prétentions se sont élevées, à mesure que sa marine abaissant les vôtres lui a donné les moyens d'établir sa tyrannie sur toutes les mers. Considérez combien il y a loin de ses prétentions originaires à l'égard des neutres, à celles qu'elle veut aujourd'hui maintenir contre les Etats-Unis. Déjà elle a exercé la presse sur leurs vaisseaux. Bientôt elle traitera ainsi les vôtres ; et à l'époque la plus brillante de la civilisation, vous la verrez travailler à réaliser, pour votre déshonneur, ce que nous regardons comme fabuleux dans les antiques récits de l'abjecte servitude à laquelle certains peuples furent réduits L'Angleterre ne se contentera pas de dominer, comme Carthage domina au plus haut degré de sa puissance (9); elle ne se bornera pas à vous fixer des limites sur la mer, à vous prohiber tel commerce, à vous interdire telle culture ; elle poursuivra le développement

B 2

des lois qu'elle veut imposer aux Américains ;
elle parviendra à exercer la presse jusque sur
vos côtes , jusque dans vos ports , et elle
levera sur vous des impôts d'hommes, sem-
blables à ce tribut ignominieux qu'Athènes,
avant Thésée, payoit aux Crétois.

Braves et malheureux Danois, il y a des
crimes en politique, et des atrocités dans la
guerre, que la Providence semble avoir mar-
qués comme le dernier degré de l'oppression,
comme le terme au delà duquel doivent com-
mencer le déclin des oppresseurs et la vengeance des opprimés. L'histoire en offre de
grands exemples, et c'est dans vos annales
que se trouve un des plus frappans. Les premières années du dernier siècle furent signa-
lées pour le Danemarck par des revers dont la
journée de Pultawa n'interrompit pas le
cours, et qui même s'aggravèrent pendant
que Charles XII étoit réfugié à Bender. Mais
lorsque les Suédois, sous la conduite de Steinbock , eurent flétri leurs lauriers par les
ravages du Holstein et par l'incendie d'Altona,
la victoire abandonna leurs drapeaux pour
s'attacher à ceux de vos pères. Dès-lors s'accé-
léra la décadence de la Suède, et commença

la prospérité du Danemarck (10). La cause des Anglais est mille fois plus injuste, et leur conduite a été plus barbare que ne le furent la cause et la conduite des Suédois. Leurs excès à la fin trouveront même récompense. Vous êtes menacés de perdre tout ce que vous ont ramassé de richesse et de bonheur trois règnes consécutifs, remarquables par une constante sagesse. La puissance qui veut vous ravir de tels biens est celle que vous avez toujours ménagée, quoique très-souvent malfaisante : la puissance qui veut vous secourir est celle qui, toujours bienveillante pour vous, eut souvent à se plaindre de votre défiance. Dans le prince le plus puissant, vous trouverez, si vous avez recours à lui, le protecteur le plus équitable, le plus géné‑ reux; et son appui assurera votre vengeance.

Russes et Suédois, en attaquant Copenhague, c'étoit vous en même temps qu'attaquoit le gouvernement anglais; et telle étoit sa réponse aux communications amicales de la Russie, qui lui offroit sa médiation. Les Danois étoient aux postes avancés; ils étoient encore une fois seuls pour les défendre contre une puis‑ sance que vous avez laissé devenir colossale :

encore une fois ils ont succombé. Les per-
fides insulaires, qui, pour attaquer le Danemarck, ont attendu ou même préparé l'éloi-
gnement de son armée, iront-ils maintenant
vous porter les mêmes menaces, les mêmes
attaques?.. C'est à vous de répondre. Songez
qu'ils n'aspirent qu'à des succès faciles ; et
puissiez-vous leur faire craindre l'approche
de vos ports, comme ils redoutent celle des
ports français! Vous les avez vus respecter
prudemment nos côtes, alors même que
notre armée, occupée loin de nous, les
laissoit sans défense : c'est qu'ils étoient sûrs
d'y trouver encore des Français..... Russes,
Danois, Suédois, vous êtes aussi des nations
courageuses: que le même esprit nous anime
donc tous pour la même cause; et que dans
tous les ports, sur toutes les côtes du continent, les Anglais craignent d'avoir à com-
battre le génie de la France. Alors ils se
tiendront loin de vos rivages, ou ils en seront
toujours repoussés; et bientôt vous pourrez,
vengeant le Danemarck, aller porter dans
leurs repaires la destruction dont ils mena-
çoient vos foyers. Il s'agit pour vous de recou-
vrer ou de perdre pour toujours cette force

maritime, que vous avez laissé affoiblir, ces droits que vous avez sacrifiés, en un mot, cette part qui vous est due dans le patrimoine commun des nations. D'un côté, s'offrent à vous dégradation, honte et misère ; de l'autre, honneur, gloire et prospérité.

NOTES.

(1) *P.* 2. On auroit pu ajouter *de Rastadt*, etc. etc...
Ce seroit un ouvrage bien curieux, bien instructif et aussi
bien effrayant, que *l'histoire de la politique anglaise*,
particulièrement depuis 1789. Mais ce seroit nécessaire-
ment un ouvrage très-incomplet : que de trames, que de
complots, que de crimes sont restés dans les ténèbres !
On peut toutefois juger de l'inconnu par le connu ; et
pour se faire quelque idée de ce que seroit une telle
histoire, il suffit d'avoir sous les yeux quelques-uns des
traits du terrible tableau qu'elle offriroit :

L'Angleterre trahissant à Toulon ses propres amis,
et brûlant la flotte française, au mépris de ses engage-
mens avec l'Espagne (décembre 1793);

Jetant sur les plages de Quiberon tous les marins
français émigrés qu'ont trompés ses promesses, et les y
livrant à ses ennemis (juillet 1795);

Proscrivant à Naples, et livrant aux plus horribles
exécutions tout ce qui n'a pas voulu s'attacher à sa cause
(1799);

Allumant à Paris des machines infernales pour faire
périr le chef de la nation sous les ruines d'un des quar-
tiers de cette capitale (décembre 1800);

Dirigeant à Pétersbourg les assassins de Paul Ier (mars
1801);

Bombardant Cadix pendant que cette ville est en proie
à la plus meurtrière épidémie, et se rendant ainsi l'alliée
de la peste (1800);

Accordant son amitié à des alliés plus affreux encore,
et protégeant les noirs de Saint-Domingue.....

On peut juger de l'effroyable activité avec laquelle
manœuvre la politique anglaise, en la voyant ordonner

ou préparer à la fois (vers la fin de 1800), le bombardement de Cadix, l'assassinat de Napoléon, l'assassinat
de Paul Ier, et l'attaque brutale de Copenhague.

(2) *P.* 3. Le comte de Bernstorff, mort en juin 1797,
après une longue administration, fut un des plus grands
hommes d'Etat du siècle dernier, je veux dire un de ceux
qui entendirent le mieux les intérêts de leur pays, et
surent les soigner ou les défendre avec le plus de dignité.
Dans l'intérieur, il ne négligea rien pour perfectionner
la civilisation et accroître la prospérité. Il concilia toujours très-habilement ce que réclamoit le progrès des
lumières avec ce qu'exigeoit le maintien du pouvoir.
C'est à lui que le Danemarck doit le plus bel exemple
et les lois les plus sages pour l'affranchissement des
serfs de la glèbe. Au dehors, le comte de Bernstorff
tint d'une main ferme la balance de la neutralité entre
deux puissances, dont l'une sur terre et l'autre sur mer,
lui parloient avec toute l'autorité de la victoire. On
l'accusa de quelque préférence pour l'Angleterre. Il
étoit d'une maison originaire du Hanovre, et on pou-
voit aisément lui soupçonner quelques préventions contre
les gouvernemens qui se succédèrent en France de 1792
à 1797. Mais, s'il en eut, elles ne firent pas chanceler sa
politique, et il résista avec une noble persévérance aux
menaces et aux insinuations de tout genre qu'employa
l'Angleterre pour l'ébranler et l'entraîner dans la coalition. Il repoussa avec horreur, en 1793 et 1794, l'idée de
contribuer à affamer la France. Il s'étoit formé à l'école
de son oncle, le baron de Bernstorff, ministre auquel le
Danemarck eut aussi de grandes obligations. C'est au
prince Royal que le Danemarck a dû la paternelle administration du comte de Bernstorff. Lorsque ce prince prit
dans les affaires l'ascendant dû à son rang, il s'em-
pressa de rappeler ce ministre que des événemens anté-

rieurs avoient condamné à la retraite. Le prince pleura avec tous les Danois la mort de ce grand ministre, et voulut suivre son convoi. Lorsqu'on lui proposa dans cette triste cérémonie la place qui lui étoit due. *Non*, répondit le prince, *laissez-moi parmi ses enfans*.

(3) *P.* 4. Dans l'été de 1800, *la Freya*, frégate danoise, escortant un convoi marchand, fut arrêtée par des vaisseaux anglais, et sommée de laisser visiter son convoi. Sur le refus du capitaine, elle fut attaquée, prise et emmenée en Angleterre. Le commandant avoit fait son devoir. Un des principes de la neutralité maritime, consacrés par l'assentiment de toutes les puissances continentales, est qu'un convoi neutre, escorté par un ou plusieurs vaisseaux de guerre, ne peut être soumis à la visite des vaisseaux appartenant aux puissances belligérantes : la raison en est extrêmement simple. Le vaisseau de guerre qui escorte, garantit, au nom du gouvernement auquel il appartient, que le convoi ne contient aucune marchandise de contrebande ; et la déclaration du commandant de l'escorte doit suffire. Mais quelle valeur peuvent avoir pour les marchands anglais des raisons qui tiennent à la dignité des couronnes?..... Cette insulte, faite par l'Angleterre au Danemarck, fut un des principaux motifs qui déterminèrent la ligue des quatre puissances du Nord contre l'Angleterre, arrêtée à Pétersbourg au mois de décembre 1800. Le bombardement de Copenhague et l'assassinat de Paul Ier en furent la suite.

(4) *P.* 4. Au mois de mars 1802, le Danemarck et la Suède accédèrent à la convention maritime conclue le 17 juin 1801 entre la Russie et l'Angleterre. Ce traité altéroit jusqu'à un certain point les principes de neutralité maritime reconnus jusqu'alors ; mais il laissoit encore les Anglais bien loin des prétentions qu'ils ont élevées depuis.

(5) *P.* 5. Pour connoitre jusqu'à quel point vont ces tracas-

series, ces iniquités, et les sophismes des juges de l'amirauté anglaise pour les justifier, il faut lire quelques-uns de leurs jugemens, ou plutôt les rapports sur lesquels ils ont été rendus. Il y a un *sir William Scott* qui est devenu fameux par ce genre de travail, mais dont les argumens ont été souvent discutés et victorieusement réfutés par les publicistes danois.

(6) *P.* 11. Le 5 octobre 1804, quatre frégates espagnoles venant de *Rio de la Plata*, chargées de piastres, furent attaquées par les Anglais à la hauteur du cap Sainte-Marie. L'une des frégates sauta dans le combat : les trois autres furent prises après quelque résistance, et conduites à Portsmouth. Cette agression n'avoit été précédée d'aucune déclaration de guerre ; mais depuis quelque temps, et pendant qu'un ministre d'Angleterre négocioit à Madrid, il avoit été ordonné aux commandans des vaisseaux anglais d'arrêter tout vaisseau espagnol qui seroit soupçonné de porter des trésors. Mettez d'un côté le droit des gens et l'honneur, de l'autre, quelques millions ; les Anglais auront bientôt choisi.

(7) *P.* 14. Voyez dans les journaux du temps la note du Ministre des Relations extérieures, adressée de Mayence à milord Lauderdale, le 30 septembre 1806.

(8) *P.* 17. Pour quiconque a suivi avec un peu d'attention les événemens des dernières années, rien n'est mieux marqué que l'acheminement progressif de l'Angleterre à un despotisme absolu sur les mers. Non-seulement elle s'est permis tous les moyens, tous les excès contre ses ennemis, mais elle a successivement dépouillé les neutres de tous les droits qui appartiennent aux nations indépendantes, et qu'elle défendit autrefois elle-même, avant qu'elle eût enlevé aux Hollandais la domination des mers. Dès qu'elle fut devenue puissance dominante, elle méprisa tous ces droits, et adopta peu à peu toutes les maximes

oppressives qui tendoient à détruire le commerce et la navigation des autres Etats. C'est ici sur-tout que la progression est frappante.

D'abord, l'Angleterre remit en vigueur une loi qui datoit des temps de barbarie ; elle ressuscita le livre où cette loi étoit consignée *(Il consolato del More)*, pour établir le droit de saisir sur les vaisseaux neutres les propriétés de ses ennemis.

Les Anglais allèrent plus loin que cette loi ; car elle vouloit que l'armateur neutre fût payé du frêt des marchandises saisies ; et ils en frustrèrent l'armateur.

Sans égard pour la dignité des couronnes, l'Angleterre exerça le droit de visite jusque sur les bâtimens escortés par des vaisseaux de guerre.

Elle étendit outre mesure la qualification des objets désignés sous le nom de contrebande.

Pour multiplier les prétextes de saisie et de confiscation, elle voulut que du moment qu'elle avoit annoncé le blocus d'un port, il fût censé bloqué en effet, et que dès-lors l'entrée en fût interdite aux neutres.

Elle inventa et exerça un droit de *préemption* ou de *préoccupation* sur les marchandises qui étoient à sa convenance, parmi celles que transportoient les neutres.

Ensuite, les Anglais annoncèrent la prétention d'empêcher les neutres de transporter des denrées coloniales ailleurs qu'en Angleterre, ou du moins de les transporter ailleurs, sans les faire passer par l'Angleterre.

Enfin, l'Angleterre en est venue jusqu'à vouloir s'arroger le droit de visiter les vaisseaux neutres, pour en enlever les marins qui lui appartiennent, c'est-à-dire qui lui conviennent.

Voilà des faits incontestables ; et les hommes instruits se rappellent très-bien les violences par lesquelles l'Angleterre a appuyé ses diverses usurpations.

(9) *P.* 17. On connoît les limites et restrictions de tout genre, que Carthage mit long-temps au commerce des Romains. On se rappelle ce que disoit Hannon : *Je ne souffrirai pas même que les Romains se lavent les mains dans les mers de Sicile....* Carthage avoit encore plus appesanti sa domination sur d'autres peuples. Elle avoit défendu aux Sardes, sous peine de la vie, de planter, de semer, etc. Elle vouloit qu'ils n'eussent d'autres vivres que ceux qu'elle leur vendroit.... La presse que l'Angleterre veut exercer sur les vaisseaux des neutres, et qu'elle iroit bientôt exercer dans leurs ports, seroit, sinon plus dure que de telles prohibitions, au moins plus ignominieuse.

(10) *P.* 19. Pour être exact, il est nécessaire de remarquer que la cause du Danemarck étoit peu honorable dans l'origine de cette guerre ; mais par la manière dont la Suède la conduisit, elle mit l'injustice de son côté. Charles XII, du fond de sa retraite, rejeta toutes les propositions que lui firent de grandes puissances pour finir la guerre du Danemarck. Son général, Steinbock, fut encore heureux ; mais il abusa de la victoire de Gadebusch (à la fin de 1712), ravagea le Holstein et brûla Altona. Ce fut le terme de sa fortune. Bientôt enfermé dans Tonningen, il fut obligé de se rendre prisonnier avec ses troupes. La fin du règne de Frédéric IV fut paisible, et le Danemarck respira : mais ce furent sur-tout ses successeurs, Christian VI et Frédéric V, qui rendirent leur royaume heureux et florissant. Le prince Royal, qui le gouverne depuis plus de vingt ans, s'est montré l'héritier de leur vertus.